쓰기 편

재미난 중국어

저자 아시아언어문화연구소, 이미미

asianhub
(주)아시안허브

이 책은 아시아언어문화연구소 중국어 강사진이 외국어로서의 중국어를 보다 쉽게 가르치기 위해 제작한 교재이다.

중국어는 한자(漢字)와 한자에 해당하는 음절(音節)이 있다.
중국어의 음절은 성모(자음)+운모(모음)+성조로 이루어져 있다. 하나의 음절은 대부분 하나의 뜻을 가지고 있고, 각 음절에는 모두 성조가 있다. 성조는 같은 발음의 단어가 가지고 있는 뜻을 구별하는 작용을 하여, 성조가 변함에 따라 뜻도 달라진다. 따라서 성조가 매우 중요한 역할을 한다.

중국어의 발음기호는 성모(聲母)와 운모(韻母)로 나누어져 있다.
음절의 첫소리를 성모라고 하며 우리말의 자음에 해당하는 것으로 21개로 이루어져 있다. 운모는 우리말의 모음에 해당하는 것으로 39개가 있다.
성조는 음의 높낮이로 표시하는 1, 2, 3, 4성과 경성(經聲)으로 구성되어 있다. 그 표기법은 각각 제 1성(-), 제2성(/), 제3성(∨), 제4성(\), 경성 (·)이다.

이 책은 원어민 강사진과 함께 정확한 발음을 구사하면서 기초부터 차근차근 제대로 쓰는 법을 공부할 수 있도록 구성하였다. 요즘 한국뿐 아니라 전세계적으로 스마트폰 보급 등에 의해 언어공부에 있어서 쓰기를 소홀히 하고 있다. 이에 재미난 중국어 쓰기 편을 통해 중국어의 기초를 제대로 다질 수 있기를 바란다.

아시아언어문화연구소
중국어강사단 씀

목차

중국어 소개

언 어 **한어(汉语)**
중국 인구의 대다수를 차지하는 한민족의 언어

표준어 **보통화(普通话)**
以北京语音为标准音，以北方话为基础方言，
以典范的现代白话文著作为语法规范

베이징 어음을 표준음으로, 북방 지역 언어를 기본 방언으로,
현대백화문저작을 어법의 규범으로 삼는다

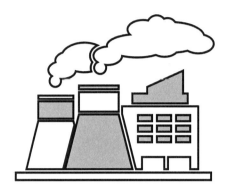

gōngchǎng

工厂

공 장

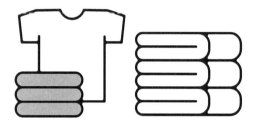

zhěnglǐ

整理

정리하다

cōngmíng

聪明

총명하다

gǎndòng

感动

감동하다

중국식 숫자세기

숫자를 통해 성조 이해하기

一	二	三	四	五
yī	èr	sān	sì	wǔ
one	two	three	four	five

六	七	八	九	十
liù	qī	bā	jiǔ	shí
six	seven	egiht	nine	ten

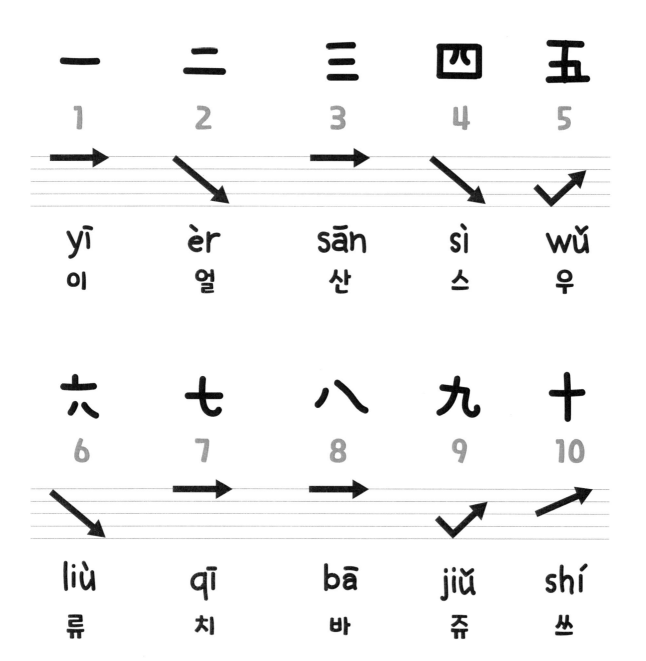

一	二	三	四	五
1	2	3	4	5
yī	èr	sān	sì	wǔ
이	얼	산	스	우

六	七	八	九	十
6	7	8	9	10
liù	qī	bā	jiǔ	shí
류	치	바	쥬	쓰

중국어로 인사하기

你 好!
nǐ hǎo
니 하오!

안녕하세요!

你好歌

인사노래

你好! 你好!

nǐ hǎo! nǐ hǎo! 안녕하세요!

你好吗?

nǐ hǎo ma? 잘 지내나요?

早上好! 早上好!

zǎoshang hǎo! zǎoshang hǎo! 좋은 아침이에요.

你好! 你好!

nǐ hǎo! nǐ hǎo! 안녕하세요!

你好吗?

nǐ hǎo ma? 잘 지내나요?

晚上好! 晚上好!

Wǎnshang hǎo! Wǎnshang hǎo! 좋은 저녁이에요.

중국어 쓰기

한어병음연습

拼音字母练习

a	a	a	a	a	a					

ā	ā	ā	ā	ā	ā					

á	á	á	á	á	á					

ǎ	ǎ	ǎ	ǎ	ǎ	ǎ					

à	à	à	à	à	à					

o	o	o	o	o	o					

ō	ō	ō	ō	ō	ō					

ó	ó	ó	ó	ó	ó					

ǒ	ǒ	ǒ	ǒ	ǒ	ǒ					

ò	ò	ò	ò	ò	ò					

e	e	e	e	e	e						

ē	ē	ē	ē	ē	ē						

é	é	é	é	é	é						

ě	ě	ě	ě	ě	ě						

è	è	è	è	è	è						

i	i	i	i	i	i						

ī	ī	ī	ī	ī	ī						

í	í	í	í	í	í						

ǐ	ǐ	ǐ	ǐ	ǐ	ǐ						

ì	ì	ì	ì	ì	ì						

u	u	u	u	u	u	u					
ū	ū	ū	ū	ū	ū	ū					
ú	ú	ú	ú	ú	ú						
ǔ	ǔ	ǔ	ǔ	ǔ	ǔ	ǔ					
ù	ù	ù	ù	ù	ù	ù					
ü	ü	ü	ü	ü	ü	ü					
ǖ	ǖ	ǖ	ǖ	ǖ	ǖ	ǖ					
ǘ	ǘ	ǘ	ǘ	ǘ	ǘ	ǘ					
ǚ	ǚ	ǚ	ǚ	ǚ	ǚ	ǚ					
ǜ	ǜ	ǜ	ǜ	ǜ	ǜ	ǜ					

| b | b | b | b | b | b | b | b | b | b | b |

| b | b | b | b | b | b | b | b | b | b | b |

| p | p | p | p | p | p | p | p | p | p | p |

| p | p | p | p | p | p | p | p | p | p | p |

| m | m | m | m | m | m | m | m | m | m | m |

| m | m | m | m | m | m | m | m | m | m | m |

| f | f | f | f | f | f | f | f | f | f | f |

| f | f | f | f | f | f | f | f | f | f | f |

| d | d | d | d | d | d | d | d | d | d | d |

| d | d | d | d | d | d | d | d | d | d | d |

| t | t | t | t | t | t | t | t | t |

t	t	t	t	t	t	t	t	t	t	t	
n	n	n	n	n	n	n	n	n	n	n	n
n	n	n	n	n	n	n	n	n	n	n	n
l	l	l	l	l	l	l	l	l	l	l	l
l	l	l	l	l	l	l	l	l	l	l	l
g	g	g	g	g	g	g	g	g	g	g	g
g	g	g	g	g	g	g	g	g	g	g	g
k	k	k	k	k	k	k	k	k	k	k	
k	k	k	k	k	k	k	k	k	k	k	
h	h	h	h	h	h	h	h	h	h	h	
h	h	h	h	h	h	h	h	h	h	h	

j j j j j j j j j j j j

j j j j j j j j j j j j

q q q q q q q q q q q q

q q q q q q q q q q q q

x x x x x x x x x x x x

x x x x x x x x x x x x

z z z z z z z z z z z z

z z z z z z z z z z z z

c c c c c c c c c c c c

c c c c c c c c c c c c

s s s s s s s s s s s s

zh	zh	zh	zh	zh	zh	zh	zh	zh	zh	zh
zh	zh	zh	zh	zh	zh	zh	zh	zh	zh	zh
ch	ch	ch	ch	ch	ch	ch	ch	ch	ch	ch
ch	ch	ch	ch	ch	ch	ch	ch	ch	ch	ch
sh	sh	sh	sh	sh	sh	sh	sh	sh	sh	sh
sh	sh	sh	sh	sh	sh	sh	sh	sh	sh	sh
r	r	r	r	r	r	r	r	r	r	r
r	r	r	r	r	r	r	r	r	r	r
y	y	y	y	y	y	y	y	y	y	y
y	y	y	y	y	y	y	y	y	y	y
w	w	w	w	w	w	w	w	w	w	w

W W W W W W W W W W W W

필획연습
笔顺练习

横

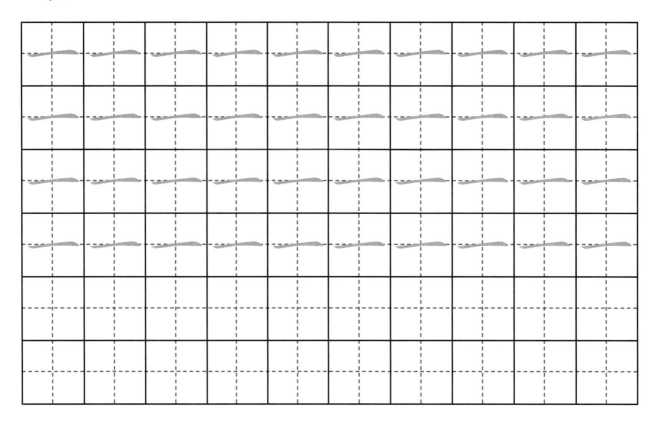

竖

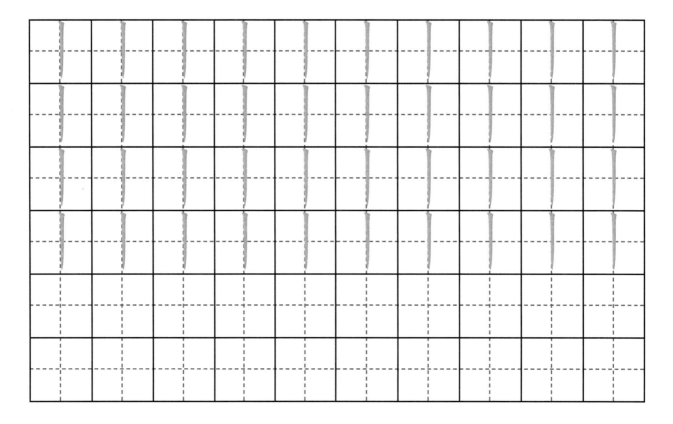

撇

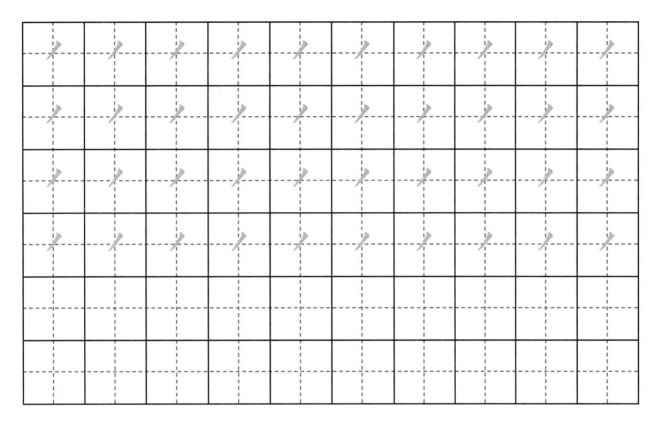

点

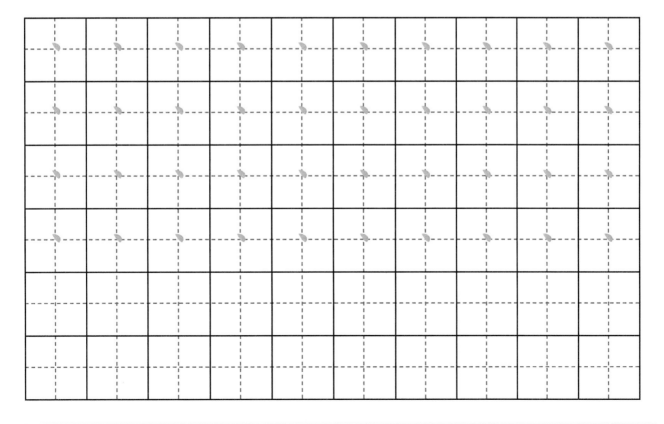

横折

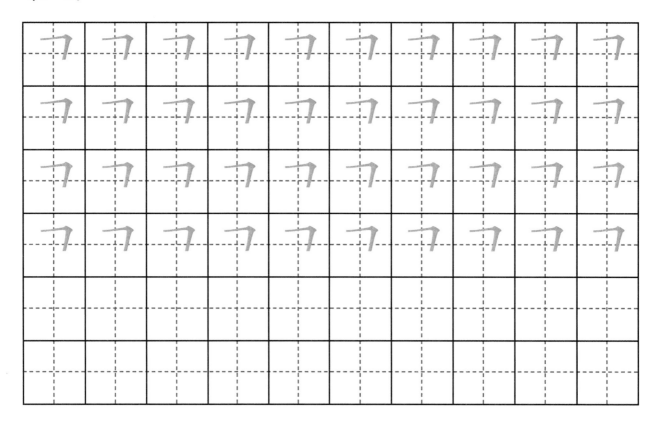

捺

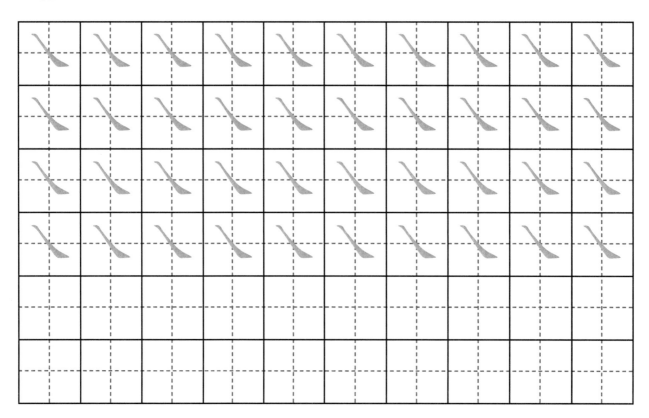

提

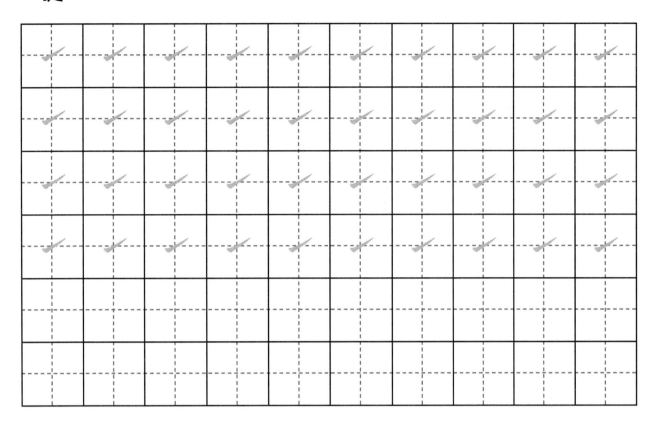

横 折 钩

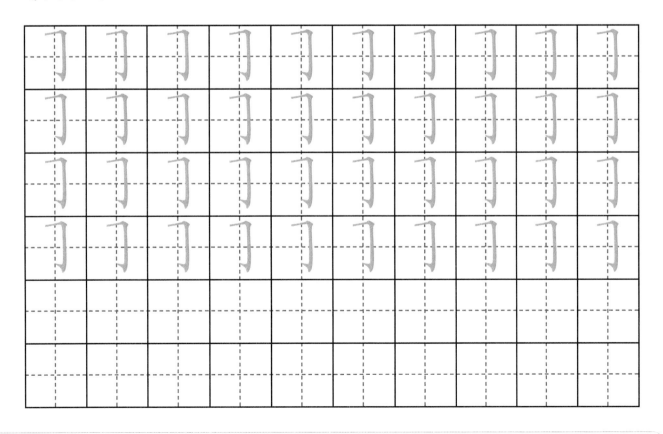

竖 钩

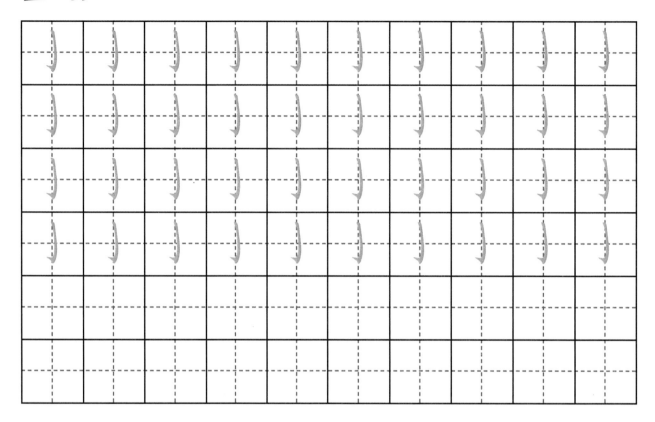

横 撇

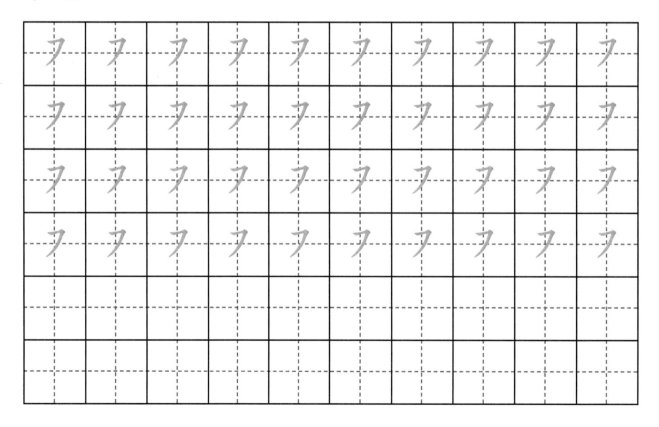

横 钩

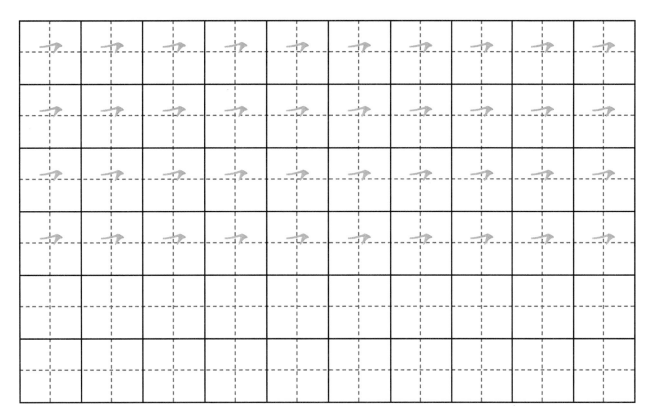

竖弯钩

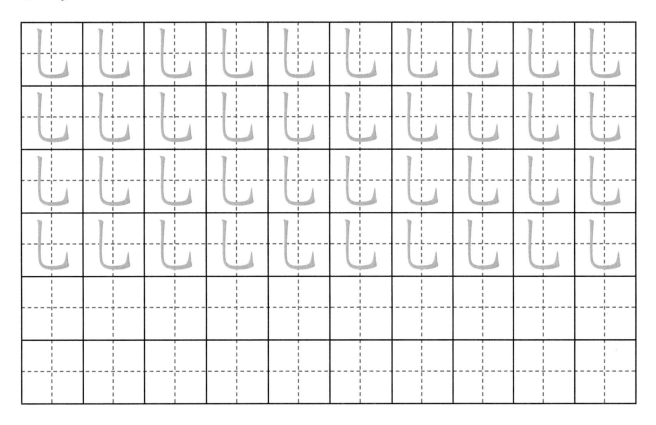

撇 折

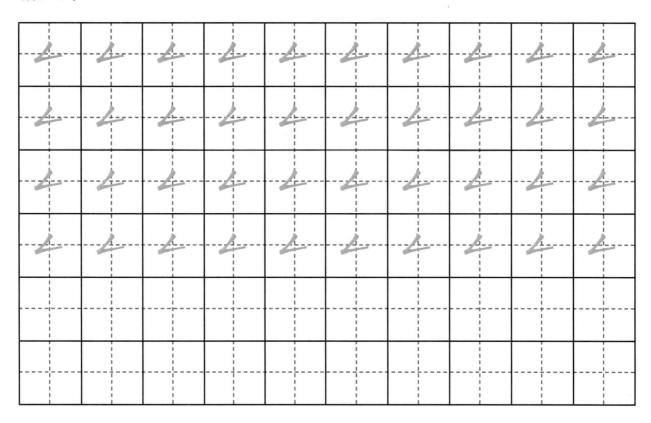

竖 提

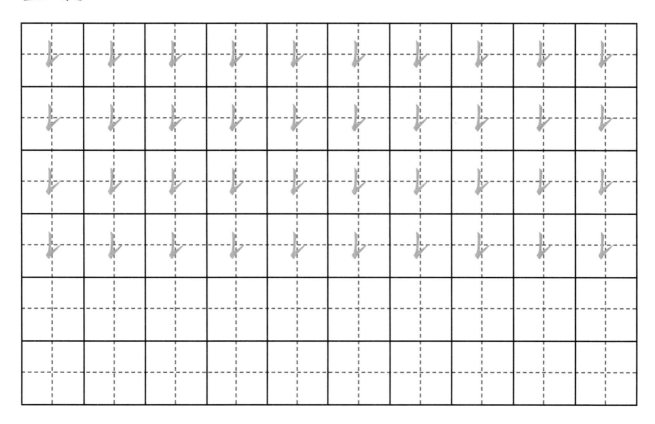

竖 折

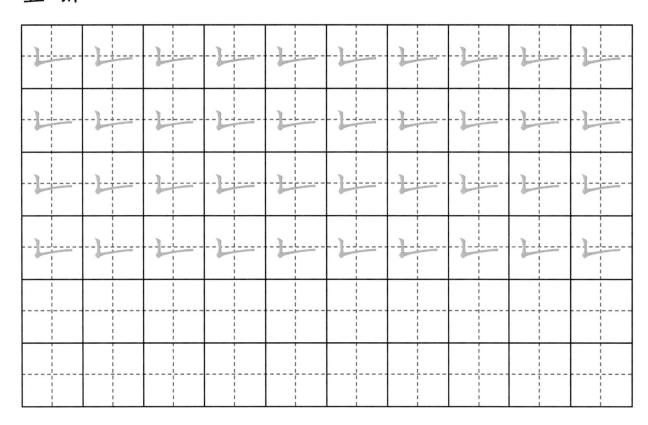

撇 点

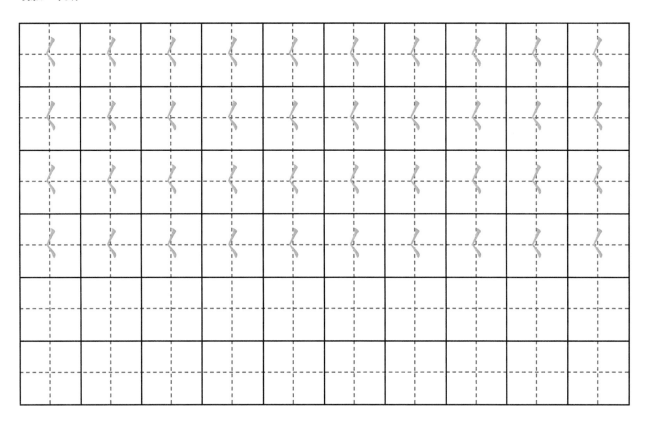

竖折折钩

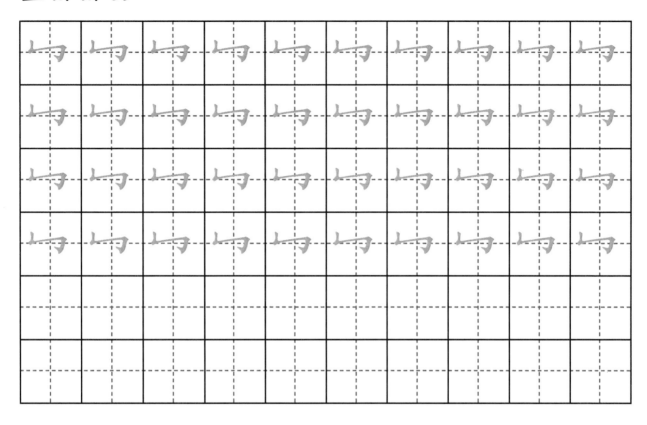

斜钩

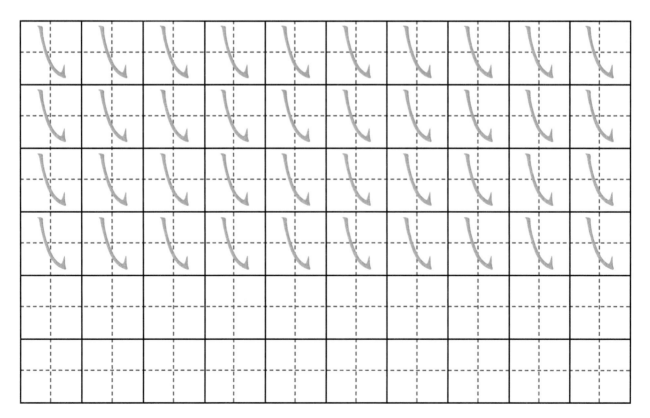

横撇弯钩

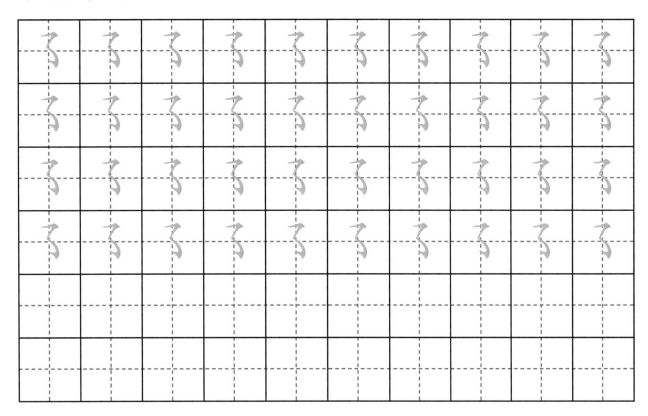

横折提

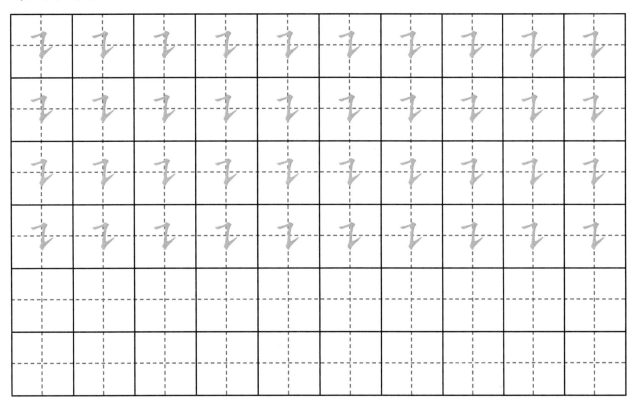

卧 钩

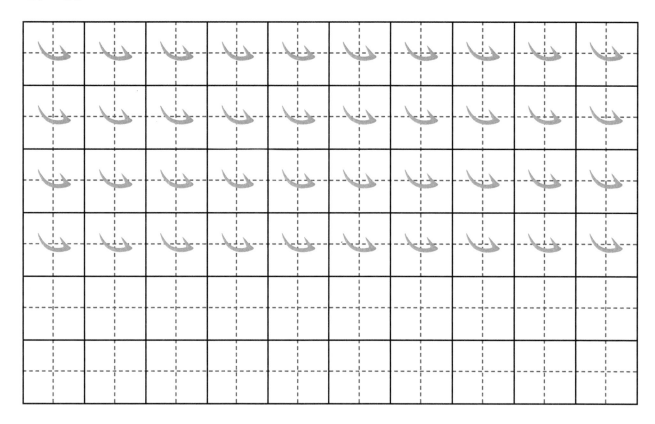

弯 钩

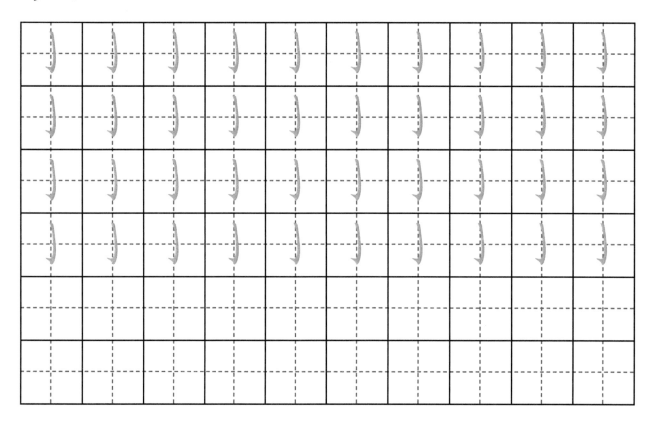

横 折 弯 钩

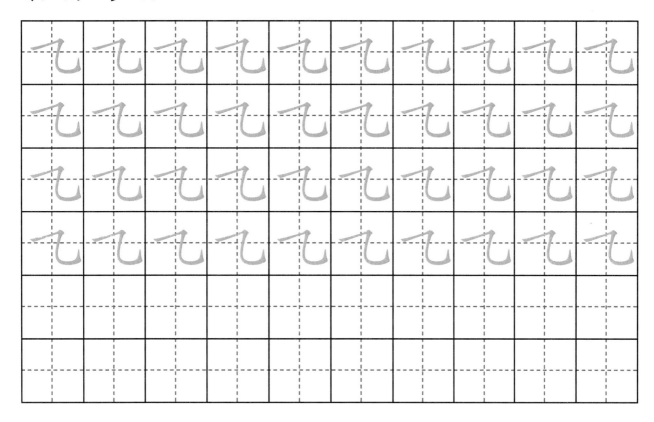

竖 弯

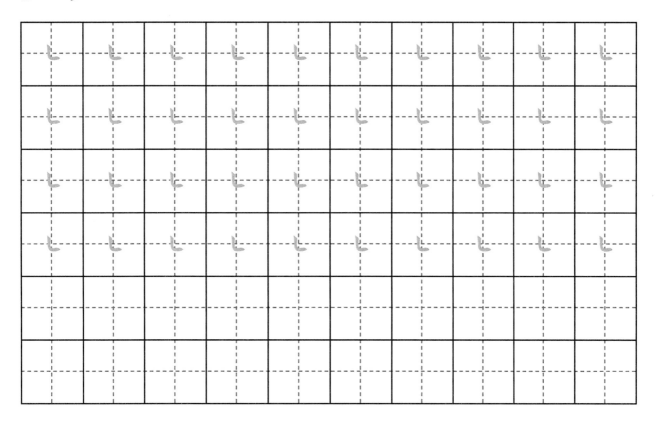

横折弯

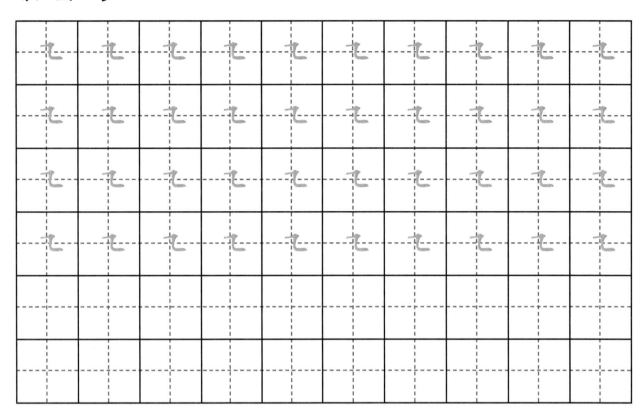

横折折折钩

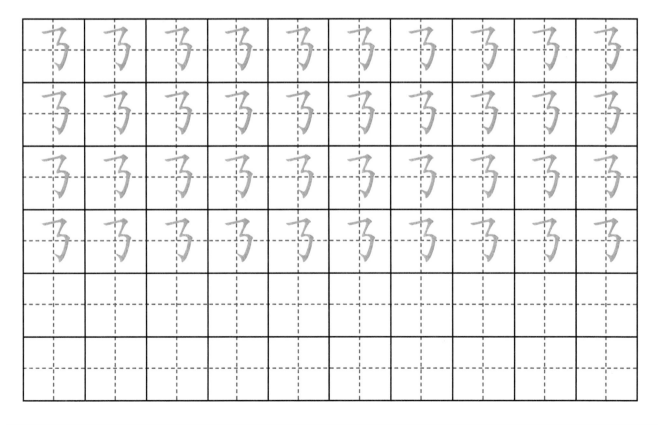

横斜钩

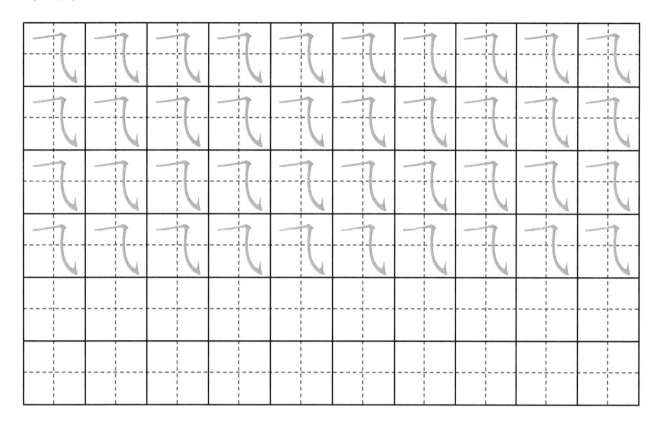

横折折撇

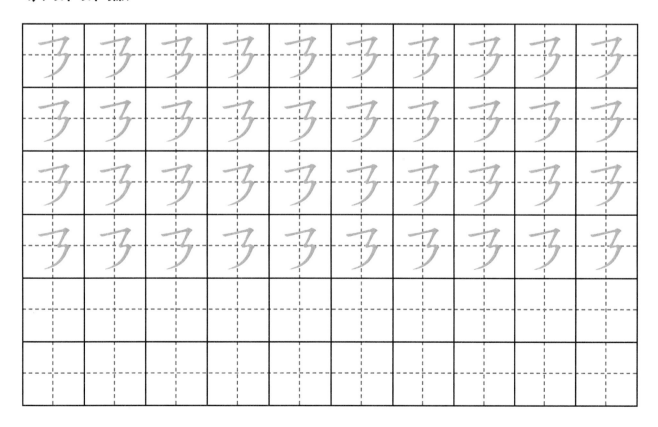

竖折撇

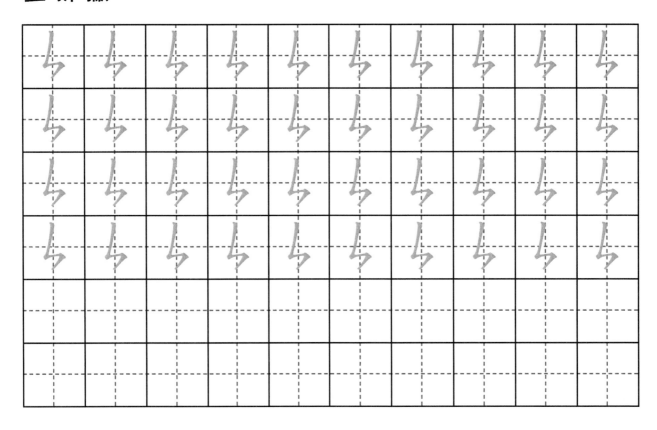

竖折折

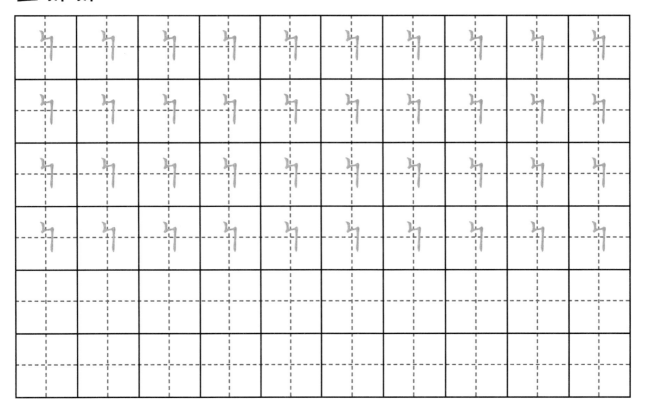

横 折 折

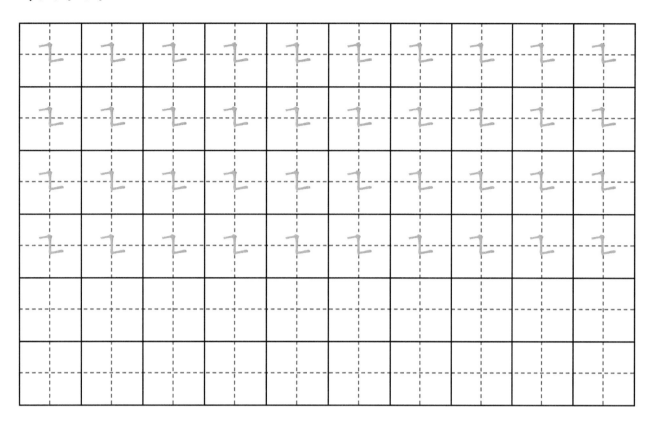

横 折 折 折

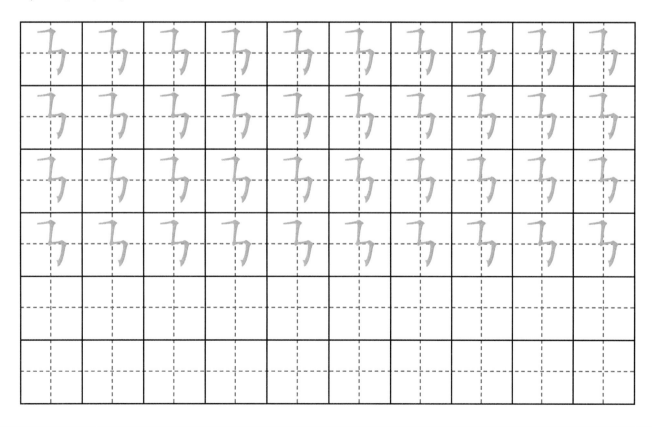

상용한자 연습

常用汉字练习

天	天	天	天	地	地	地	地	人	人	人	人
你	你	你	你	我	我	我	我	他	他	他	他
一	一	一	一	二	二	二	二	三	三	三	三
四	四	四	四	五	五	五	五	上	上	上	上
下	下	下	下	口	口	口	口	目	目	目	目
耳	耳	耳	耳	手	手	手	手	日	日	日	日
月	月	月	月	水	水	水	水	火	火	火	火
山	山	山	山	石	石	石	石	田	田	田	田
禾	禾	禾	禾	对	对	对	对	云	云	云	云

雨	雨	雨	雨	凤	凤	凤	凤	花	花	花	花
鸟	鸟	鸟	鸟	虫	虫	虫	虫	六	六	六	六
七	七	七	七	八	八	八	八	九	九	九	九
十	十	十	十	爸	爸	爸	爸	妈	妈	妈	妈
马	马	马	马	土	土	土	土	不	不	不	不
画	画	画	画	打	打	打	打	字	字	字	字
子	子	子	子	奶	奶	奶	奶	妹	妹	妹	妹
小	小	小	小	台	台	台	台	雪	雪	雪	雪
白	白	白	白	草	草	草	草	家	家	家	家

是	是	是	是	车	车	车	车	路	路	路	路
灯	灯	灯	灯	走	走	走	走	秋	秋	秋	秋
气	气	气	气	叶	叶	叶	叶	大	大	大	大
飞	飞	飞	飞	会	会	会	会	个	个	个	个
的	的	的	的	两	两	两	两	头	头	头	头
在	在	在	在	里	里	里	里	看	看	看	看
见	见	见	风	闪	闪	闪	闪	星	星	星	星
江	江	江	江	南	南	南	南	可	可	可	可
采	采	采	采	鱼	鱼	鱼	鱼	东	东	东	东

西	西	西	西	北	北	北	北	尖	尖	尖	尖
说	说	说	说	春	春	春	春	青	青	青	青
皮	皮	皮	皮	冬	冬	冬	冬	男	男	男	男
女	女	女	女	开	开	开	开	正	正	正	正
反	反	反	反	远	远	远	远	有	有	有	有
色	色	色	色	近	近	近	近	无	无	无	无
声	声	声	声	去	去	去	去	还	还	还	还
来	来	来	来	多	多	多	多	少	少	少	少
不	不	不	不	黄	黄	黄	黄	牛	牛	牛	牛

只	只	只	只	猫	猫	猫	猫	边	边	边	边
杏	杏	杏	杏	鸭	鸭	鸭	鸭	萍	萍	萍	萍
果	果	果	果	桃	桃	桃	桃	书	书	书	书
包	包	包	包	刀	刀	刀	刀	尺	尺	尺	尺
本	本	本	本	作业	作业	作业	作业
笔	笔	笔	笔	本	本	本	本	课	课	课	课
早	早	早	早	学校	学校	学校	学校
明	明	明	明	力	力	力	力	木	木	木	木
一条心		一条心		一条心		一条心	

升	国	旗	升	国	旗	升	国	旗	升	国	旗
中	中	中	中	红	红	红	红	歌	歌	歌	歌
立	正	立	正	立	正	立	正	起	起	起	起
多	么	多	么	多	么	多	么	在	在	在	在
美	丽	美	丽	美	丽	美	丽	后	后	后	后
中	午	中	午	中	午	昨	天	昨	天	昨	天
今	年	今	年	今	年	影	子	影	子	影	子
前	后	前	后	前	后	黑	狗	黑	狗	黑	狗
尾	巴	尾	巴	尾	巴	左	右	左	右	左	右

它	们	它	们	它	们	朋	友	朋	友	朋	友
比	比	比	比	谁	谁	谁	谁	最	最	最	最
长	短	长	短	长	短	雨	伞	雨	伞	雨	伞
把	把	把	把	公	公	公	公	母	母	母	母
兔	子	兔	子	兔	子	写	字	写	字	写	字
点	点	点	点	要	要	要	要	过	过	过	过
给	给	给	给	当	当	当	当	串	串	串	串
以	为	以	为	以	为	成	功	成	功	成	功
数	学	数	学	数	学	彩	虹	彩	虹	彩	虹

半	空	半	空	半	空	问	到	问	到	问	到
方	便	方	便	方	便	没	有	没	有	没	有
更	更	更	更	绿	绿	绿	绿	出	出	出	出
那	那	那	那	海	海	海	海	真	真	真	真
老	师	老	师	老	师	什	么	什	么	什	么
光	亮	光	亮	光	亮	时	候	时	候	时	候
觉	得	觉	得	觉	得	自	己	自	己	自	己
很	很	很	很	穿	穿	穿	穿	快	快	快	快
衣	服	衣	服	衣	服	蓝	天	蓝	天	蓝	天

叉	叉	叉	叉	笑	笑	笑	笑	哭	哭	哭	哭
着	着	着	着	向	向	向	向	和	和	和	和
宝	贝	宝	贝	宝	贝	娃	娃	挂	挂	挂	挂
活	动	活	动	活	动	金	色	金	色	金	色
哥	哥	哥	哥	姐	姐	姐	姐	弟	弟	弟	弟
叔	叔	叔	叔	爷	爷	爷	爷	奶	奶	奶	奶
一	群	一	群	一	群	竹	子	竹	子	竹	子
牙	齿	牙	齿	牙	齿	用	用	用	几	几	几
步	步	步	为	为	为	参	加	参	加	参	加

洞	洞	洞	着	着	着	乌	鸦	乌	鸦	乌	鸦
到	处	到	处	到	处	寻	找	寻	找	寻	找
办	公	办	公	办	公	旁	边	旁	边	旁	边
许	多	许	多	许	多	方	法	方	法	方	法
进	去	进	去	进	去	高	手	高	手	高	手
住	所	住	所	住	所	孩	子	孩	子	孩	子
发	芽	发	芽	发	芽	长	久	长	久	长	久
回	来	回	来	回	来	全	部	全	部	全	部
变	化	变	化	变	化	工	厂	工	厂	工	厂

医院 医院 医院 市场 市场 市场

生活 生活 生活 看见 看见 看见

상용한자카드

常用汉字卡片

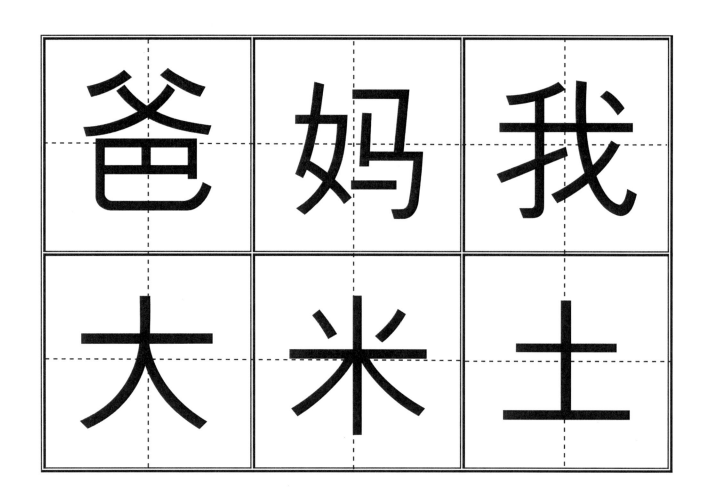

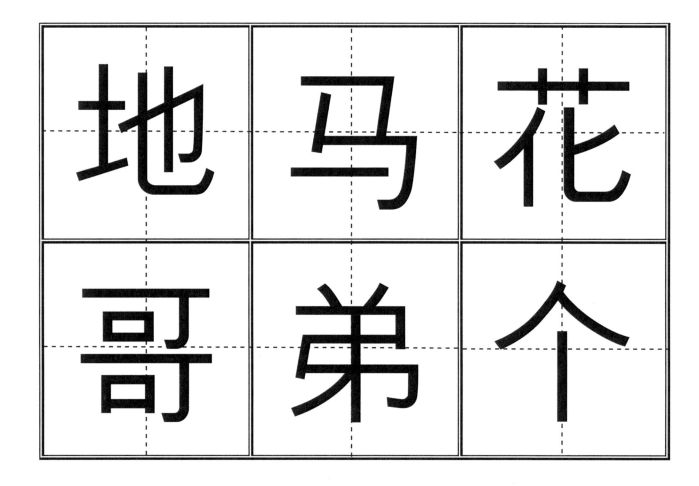

画	下	洗
衣	服	鸡

做	过	了
不	乐	出

读	书	骑
车	的	话

你	他	水
白	皮	子

在	小	爱
吃	鱼	和

牛	草	好
家	飞	机

有	儿	河
入	校	山

田	左	片
右	半	云

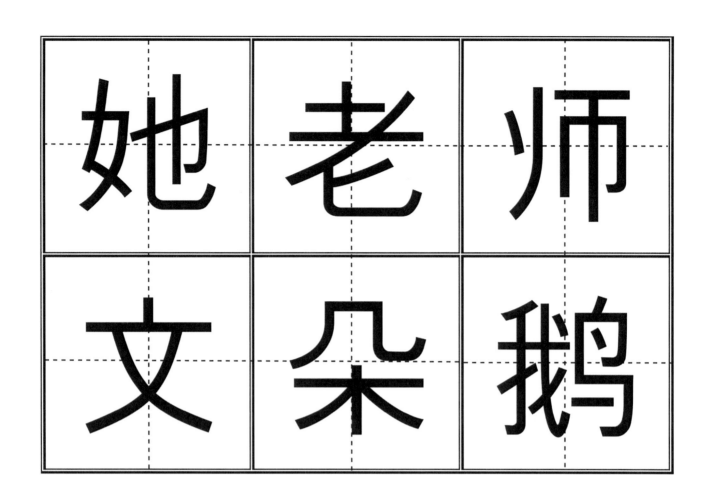

她　老　师
文　朵　鹅

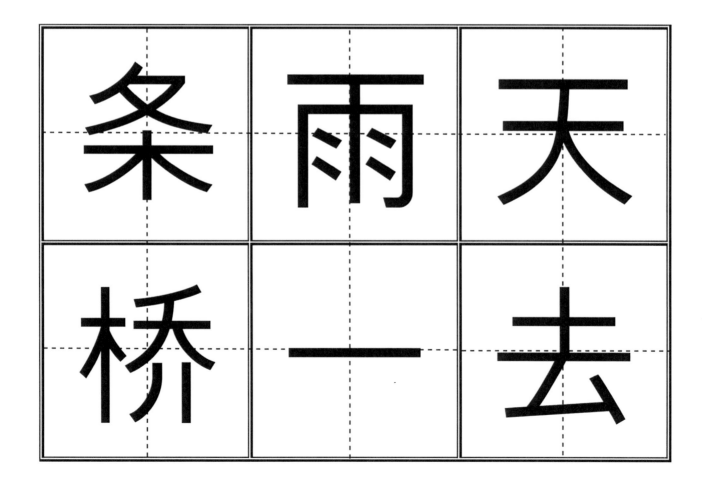

条　雨　天
桥　一　去

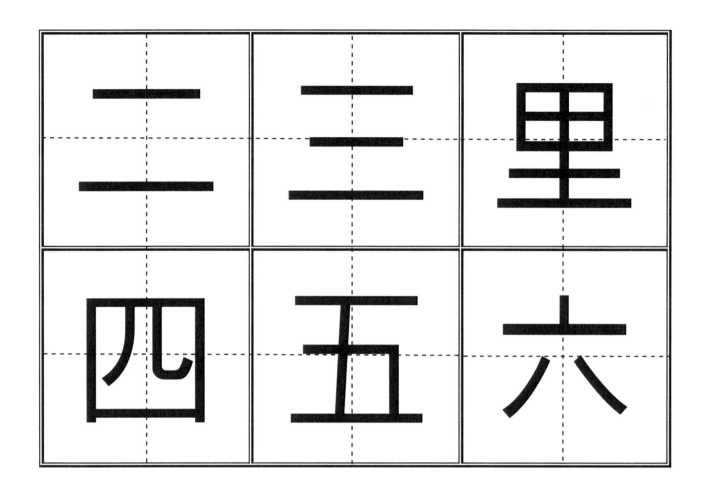

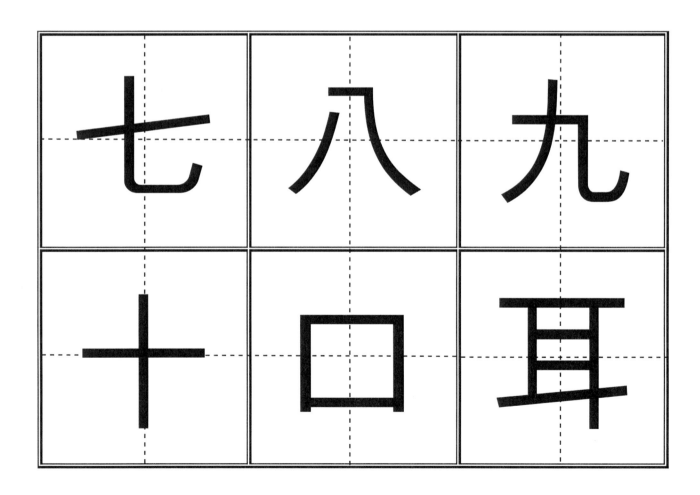

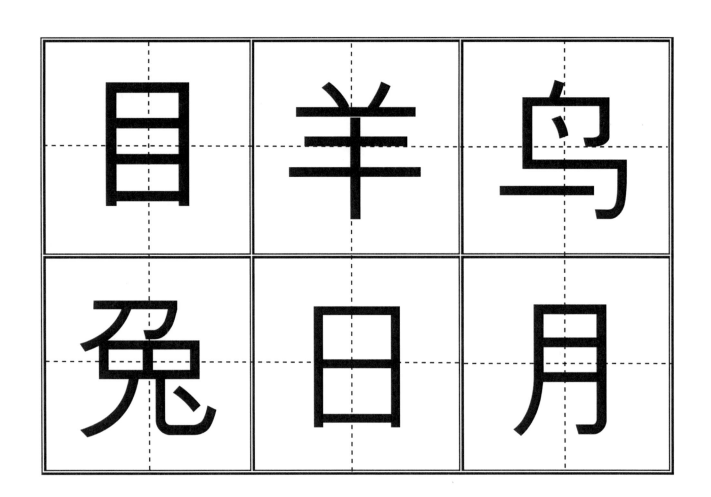

目	羊	鸟
兔	日	月

火	木	禾
竹	沙	发

报	纸	台
灯	电	视

晚	上	送
果	笑	也

打	球	拔
拍	跳	高

跑	步	足
响	课	真

身	体	远
色	近	听

无	声	春
还	人	来

惊	对	说
是	叶	圆

夏	秋	雪
肚	就	冬

排	中	游
流	唱	两

岸	树	苗
绿	江	南

哪	座	房
漂	亮	青

门	窗	香
屋	要	们

爷	棵	到
给	穿	暖

冷	开	伞
热	静	夜

床	光	举
头	望	底

故	乡	船
弯	坐	只

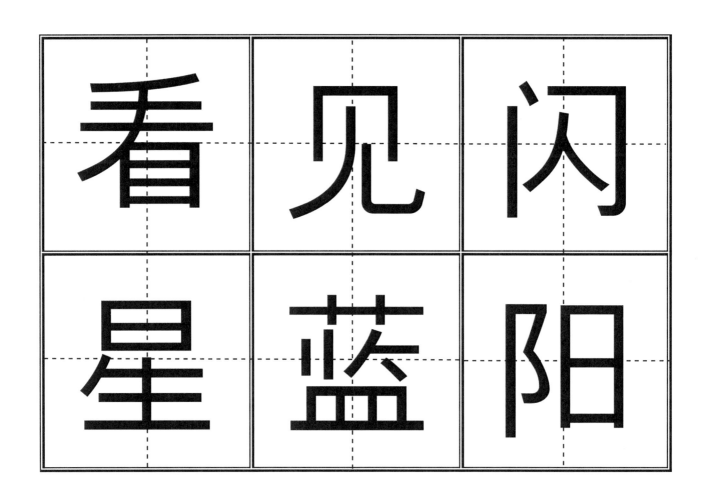

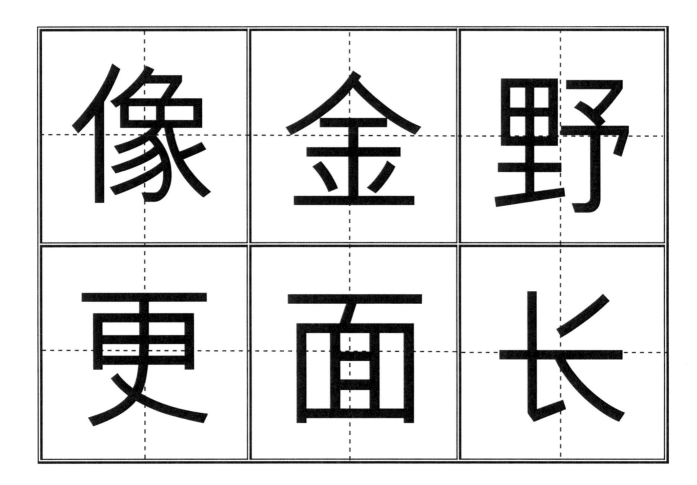

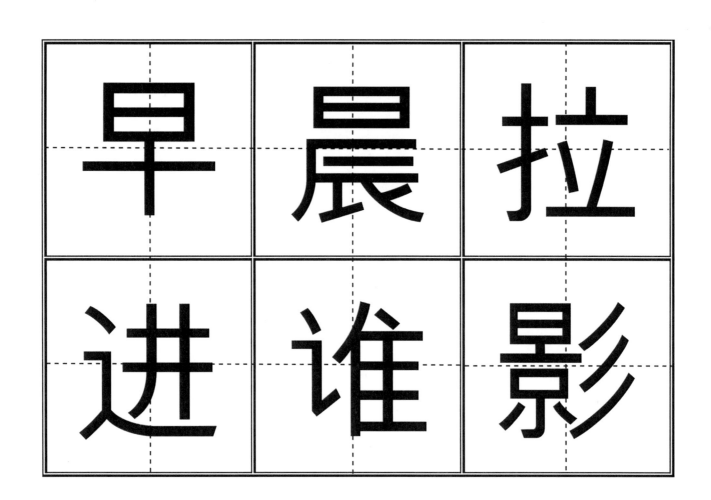

| 早 | 晨 | 拉 |
| 进 | 谁 | 影 |

| 前 | 后 | 常 |
| 跟 | 着 | 黑 |

狗	它	朋
友	比	尾

巴	短	把
猴	松	鼠

扁	最	公
鸭	黄	猫

중국 소개

XINJIANG

GANSU

NEI MONGOL

HEILOGJANG

JILIN

LIAONING

BEIJING

TIANJIN

HEBEI

SHANXI

SHANDONG

QINGHAI

NINGXIA

XINJANG
(TIBET)

SHAANXI

HENAN

JIANGSU

ANHUI

HUBEI

ZHEJIANG

SICHUAN

CHONGOING

JIANGXI

HUNAN

GUIZHOU

FIJIAN

YUNNAN

GUANGXI

GUANDONG

HAINAN

오성홍기

56개 민족이 함께 생활하는 '중국'

정식 명칭은 중화인민공화국(People's Republic of China)으로 세계 최대의 인구와 광대한 국토를 가진 나라다. 수도는 베이징이며, 일반적으로 동아시아의 국가로 간주되지만 영토가 넓은 편이라 중앙아시아와 동남아시아의 국가들과 국경을 맞대고 있다. 북동쪽으로 대한민국·러시아연방, 서쪽으로는 카자흐스탄·키르기스스탄·타지키스탄·아프가니스탄, 남서쪽으로는 인도·파키스탄·네팔·부탄, 남쪽으로는 미얀마·베트남·라오스, 북쪽으로는 몽골·러시아연방과 각각 국경을 이룬다.

중국의 기후는 최남단의 열대에서 서부의 건조기후, 동북삼성의 냉대에 이르기까지 지구상의 다양한 기후가 대부분 나타나고, 지형고도면에서도 동부의 저지에서 서부의 8000m급 고산지에 이르기까지 차이가 크게 나타난다.

고유 문자는 간체자 한자를 사용하고, 공식 언어는 표준중국어를 사용한다. 공식 언어 이외에도 광둥어, 민남어를 비롯한 방언이 많다. 그리고 소수민족들은 신장의 튀르크계 민족들이 쓰는 터키어계 언어들과 티베트인들의 티베트어, 내몽골에서 쓰이는 차하르 몽골어 등이 있다.

I ♥ CHINA

2021년 10월 30일 발행 1판 1쇄 발행

저   자 아시아언어문화연구소, 이미미
편집디자인 최형준

발 행 인 최진희
펴 낸 곳 (주)아시안허브
출판등록 제2014-3호(2014년 1월 13일)
주   소 서울특별시 관악구 신림로19길 46-8
전   화 070-8676-4003
팩   스 070-7500-3350
홈페이지 http://asianhub.kr

값 10,000원
ISBN 979-11-6620-107-3 (03720)